VIVA AS COISAS ESSENCIAIS DA VIDA

Anderson Cavalcante

VIVA AS COISAS ESSENCIAIS DA VIDA

Antes que seja tarde

Editora Gente

Editora
Rosely M. Boschini

Coordenação editorial
Elvira Gago

Capa, projeto e produção gráfica
Marcelo Souza

Revisão
Regina Giannetti

Rua Pedro Soares de Almeida, 114
São Paulo, SP CEP 05029-030, telefone: (11) 3670-2500
Site: http://www.editoragente.com.br
E-mail: gente@editoragente.com.br

Dados Internacionais de Catalogação na Publicação (CIP)
(Câmara Brasileira do Livro, SP, Brasil)

Cavalcante, Anderson
Viva as coisas essenciais da vida / Anderson Cavalcante — São Paulo : Editora Gente, 2004.

ISBN 85-7312-441-5

1. Alegria 2. Conduta de vida 3. Felicidade I. Título

02-6167 CDD-158

Índices para catálogo sistemático:
1. Conduta de vida : Psicologia aplicada 158
2 . Felicidade : Psicologia aplicada 158

Dedico este livro a todas as pessoas que já descobriram a real importância das coisas essenciais da vida e que compartilham essa descoberta.

Agradecimentos

A meus pais, por serem a minha fonte de inspiração e me estimularem o tempo todo a buscar minha essência.

À Tábata, por ser minha cúmplice e me apoiar em todos os momentos da minha vida.

A minha irmã Andréa, pelo entusiasmo, dedicação e amor com que me acompanhou durante a concepção deste livro.

A Roberto Shinyashiki e Rosely Boschini, por me instigarem com idéias e provocações que me levaram a este projeto.

A todos os meus familiares e amigos que participaram e contribuíram durante todo o projeto, em especial Alexandre Abbott e Vanessa Cavalcante, pelas noites maldormidas.

A toda a equipe do Instituto e da Editora Gente, em especial Elvira Gago, Rosângela Barbosa, Marcelo S. Almeida, Marisa Silva e Nara Cerri, pela confiança que depositaram na idéia e pelo comprometimento em transformá-la em realidade.

E a Deus, por estar sempre a meu lado orientando-me pela vida.

Introdução

No meio de uma tarefa qualquer, a lembrança de um amigo querido vem à nossa mente. "Preciso ligar para ele", pensamos, e em seguida voltamos ao que estávamos fazendo.

De vez em quando, contamos para alguém sobre aquela viagem que temos desejado fazer por toda a vida, mas ainda não conseguimos realizar. "Quem sabe nas próximas férias", dizemos.

Aniversário após aniversário, renovamos o compromisso de começar algo novo ou concretizar velhos sonhos. "Deste ano não passa", prometemos.

E assim vamos tocando a vida, sempre envolvidos com os problemas cotidianos, conformados com a falta de tempo, os esquecimentos e a dificuldade de tomar certas iniciativas.

E assim vamos nos enganando, sempre à espera do momento propício, da época favorável ou da ocasião oportuna — que nunca aparece.

Então o tempo passa e transforma as pessoas, as coisas, os lugares. E, de repente, perdemos o contato com aquele amigo especial. A viagem adiada por tantos anos torna-se inviável. O sonho que brilhava em nossa imaginação perde o encanto.

Percebo que muitas pessoas, quando chegam à maturidade, arrependem-se de não ter feito algo que daria novo rumo a suas vidas. Ou tomaram decisões que depois lamentam, mas não é mais possível consertar porque aquele tempo não volta. Fica a sensação de um gosto amargo na boca.

Mas não precisa ser assim — e não deve ser assim. Eu acredito totalmente que todos nós podemos ser agentes da nossa história. Vamos então escrevê-la com frases amorosas e criar desenhos com cores alegres e vibrantes...

Em meu livro anterior, *As Coisas Boas da Vida,* falo de curtir as coisas simples que criam a verdadeira felicidade e mostro muitos pequenos prazeres diários que fazem nossos olhos brilhar de emoção. Agora resolvi escrever este livro para lembrar você de não deixar passar, em meio à correria do cotidiano, as oportunidades de fazer as coisas essenciais da vida.

Vamos proporcionar a nós mesmos os momentos preciosos que lembraremos para sempre. Vamos agora curtir juntos todas as emoções da vida, antes que seja tarde.

Anderson Cavalcante

No mundo de hoje,

as pessoas se sentem insatisfeitas, sufocadas,

VIVA AS COISAS ESSENCIAIS DA VIDA

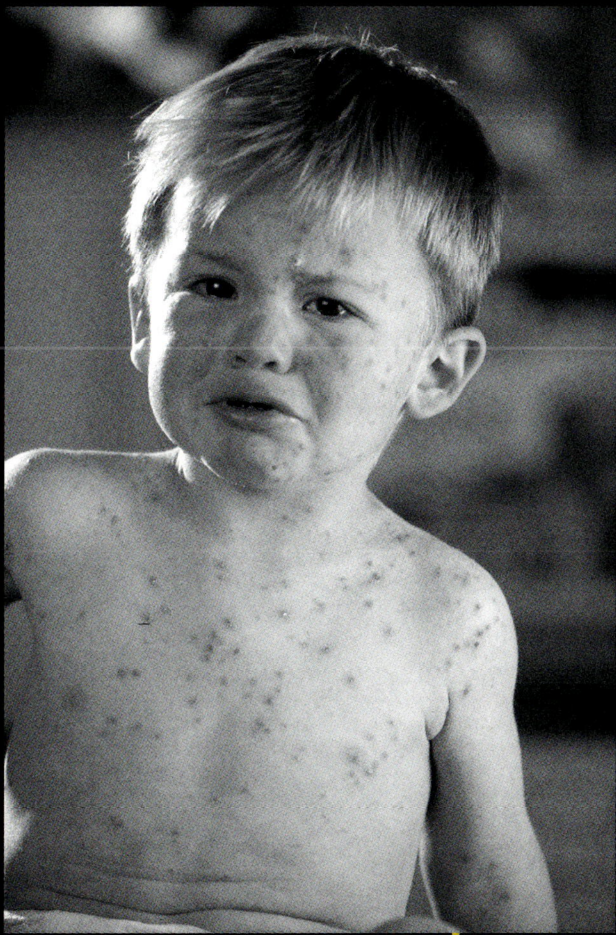

com problemas **pipocando**
o tempo todo ao seu redor.

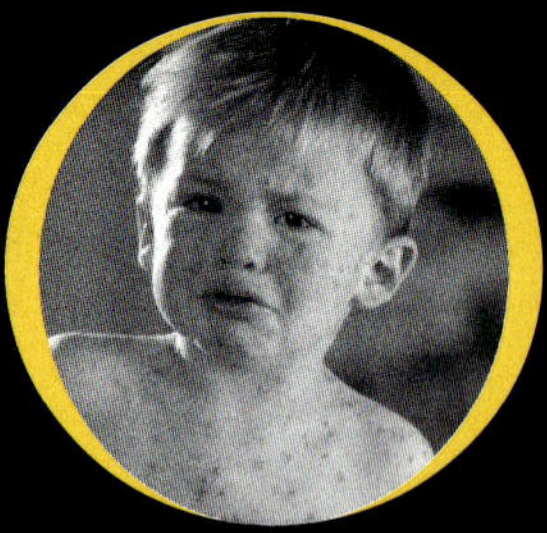

VIVA AS COISAS ESSENCIAIS DA VIDA

Elas se vêem ***engolindo sapos,***

VIVA AS COISAS ESSENCIAIS DA VIDA

às vezes têm até vontade de

se esconder.

VIVA AS COISAS ESSENCIAIS DA VIDA

Quando percebemos,

a vida passou muito rápido.

VIVA AS COISAS ESSENCIAIS DA VIDA

E a gente se ***arrepende***
do que deveria ter dito e não disse,

VIVA AS COISAS ESSENCIAIS DA VIDA

do que deveria
ter feito e
não fez.

VIVA AS COISAS ESSENCIAIS DA VIDA

Talvez não possamos evitar que a

nossa vida seja tão corrida, tão intensa,

VIVA AS COISAS ESSENCIAIS DA VIDA

mas, em meio à luta diária, podemos criar

momentos preciosos.

VIVA AS COISAS ESSENCIAIS DA VIDA

Momentos que duram

segundos, mas se eternizam em nossa lembrança.

VIVA AS COISAS ESSENCIAIS DA VIDA

Momentos de pequenos gestos
com grandes significados.

ANTES QUE SEJA TARDE

Momentos que fazem o mundo parar de girar

e tudo o mais deixar de existir.

VIVA AS COISAS ESSENCIAIS DA VIDA

Momentos de

apenas sentir...

VIVA AS COISAS ESSENCIAIS DA VIDA

Por isso , antes que seja tarde,
pense no que é essencial
para você, na vida que você quer viver.

VIVA AS COISAS ESSENCIAIS DA VIDA

*Agora, e não em um **futuro** distante.*

VIVA AS COISAS ESSENCIAIS DA VIDA

Comece resgatando a lembrança

de todas as coisas boas que você já viveu:

VIVA AS COISAS ESSENCIAIS DA VIDA

ligue para **aquele velho amigo**

que o tempo afastou,

VIVA AS COISAS ESSENCIAIS DA VIDA

revisite os lugares
da sua infância

e procure as marcas que você deixou,

VIVA AS COISAS ESSENCIAIS DA VIDA

ria de **suas travessuras,** *emocione-se com suas descobertas, reconheça quanto você caminhou.*

VIVA AS COISAS ESSENCIAIS DA VIDA

E então faça algo que lhe devolva

a sensação de ser criança:

VIVA AS COISAS ESSENCIAIS DA VIDA

libere a sua ***imaginação,***

VIVA AS COISAS ESSENCIAIS DA VIDA

quebre todas as **regras,**

VIVA AS COISAS ESSENCIAIS DA VIDA

viva intensamente

cada momento.

VIVA AS COISAS ESSENCIAIS DA VIDA

Mate as **saudades do colinho** *de mãe.*

VIVA AS COISAS ESSENCIAIS DA VIDA

Passe uma tarde com seu pai.
Aproveite e diga como ele é importante pra você.

VIVA AS COISAS ESSENCIAIS DA VIDA

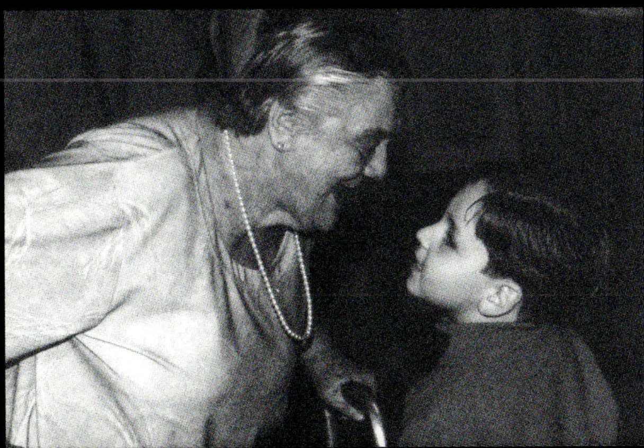

Converse com seus avós. Eles têm muitas
histórias interessantes *pra contar.*

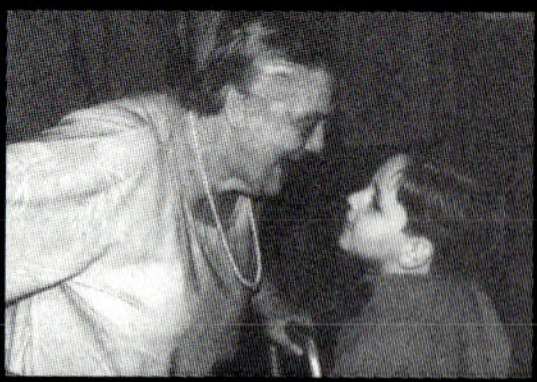

VIVA AS COISAS ESSENCIAIS DA VIDA

No seu próximo aniversário,
***comemore** com uma grande festa.*

VIVA AS COISAS ESSENCIAIS DA VIDA

Convide todos os seus ***amigos e parentes.***

Veja quantas pessoas lhe querem bem.

VIVA AS COISAS ESSENCIAIS DA VIDA

Transforme
cada dia
em uma ocasião especial.

VIVA AS COISAS ESSENCIAIS DA VIDA

De vez em quando,

faça da quarta um domingo

e passe um dia sem compromissos,

sem planos, sem relógio.

VIVA AS COISAS ESSENCIAIS DA VIDA

Ande por **caminhos** *onde você nunca esteve.*

VIVA AS COISAS ESSENCIAIS DA VIDA

Vá em busca

de algo que possa surpreendê-lo e maravilhá-lo.

VIVA AS COISAS ESSENCIAIS DA VIDA

Veja o sol nascer, a lua aparecer,
conte as estrelas...

VIVA AS COISAS ESSENCIAIS DA VIDA

Viva um grande ***amor.***

VIVA AS COISAS ESSENCIAIS DA VIDA

E *desperte* na pessoa que você ama a sensação de saber que foi lembrada por você.

VIVA AS COISAS ESSENCIAIS DA VIDA

Faça alguém feliz.

VIVA AS COISAS ESSENCIAIS DA VIDA

Abrace seu filho

e diga que sempre o amará.

VIVA AS COISAS ESSENCIAIS DA VIDA

Antes que não dê mais tempo,

faça as pazes *com seus irmãos.*

VIVA AS COISAS ESSENCIAIS DA VIDA

Nos dias em que tudo dá certo,

embre-se de agradecer.

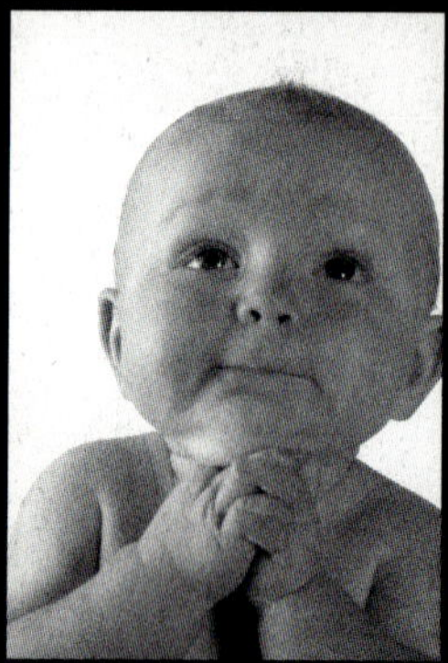

VIVA AS COISAS ESSENCIAIS DA VIDA

E, naqueles em que
tudo parece dar errado,

VIVA AS COISAS ESSENCIAIS DA VIDA

supere *todos os obstáculos e...*

VIVA AS COISAS ESSENCIAIS DA VIDA

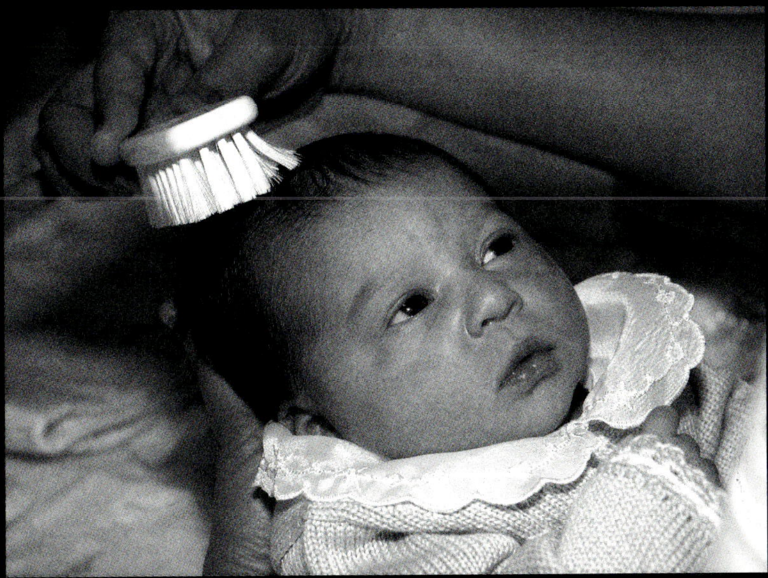

...faça os ajustes necessários.

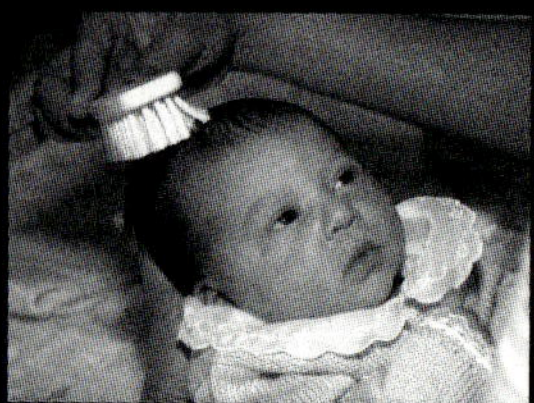

VIVA AS COISAS ESSENCIAIS DA VIDA

Mas não desista de ***ser feliz.***

VIVA AS COISAS ESSENCIAIS DA VIDA

Pare de reclamar dos outros, da saúde, do tempo...
A vida é muito curta.

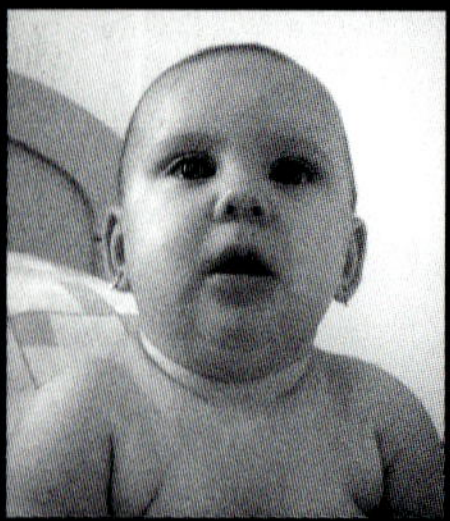

VIVA AS COISAS ESSENCIAIS DA VIDA

Não guarde mágoa

de ninguém no coração.

VIVA AS COISAS ESSENCIAIS DA VIDA

Não fuja, não se omita, não se esconda.

VIVA AS COISAS ESSENCIAIS DA VIDA

Não tenha motivos para
se arrepender.

VIVA AS COISAS ESSENCIAIS DA VIDA

Não espere nem mais um segundo para começar a
concretizar seus sonhos.

VIVA AS COISAS ESSENCIAIS DA VIDA

Desfrute o que *a vida* tem a lhe oferecer.

VIVA AS COISAS ESSENCIAIS DA VIDA

Agradeça a Deus por ser tão
generoso com você.

VIVA AS COISAS ESSENCIAIS DA VIDA

E, no dia que você **cruzar a passagem** *para outros mundos, estará carregando o único tesouro que é possível levar: os momentos preciosos que você viveu...*

VIVA AS COISAS ESSENCIAIS DA VIDA

Então ame as pessoas, ame a si mesmo, ame a vida
sempre com total intensidade

ANTES QUE SEJA TARDE.

Este livro foi produzido originalmente em formato 14x16 cm e com acabamento em espiral, podendo ser usado como um *calendário de mesa.*